中国文化知识读本

ZHONGGUOWENHUAZHISHIDUBEN

吉林出版集团
吉林文史出版社

金开诚◎主编　于　丹◎编著

萨满文化

图书在版编目（CIP）数据

萨满文化 / 于丹著. -- 长春：吉林文史出版社，2011.9
（2018.1重印）（中国文化知识读本）
ISBN 978-7-5472-0840-3

Ⅰ. ①萨… Ⅱ. ①于… Ⅲ. ①萨满教－宗教
文化－中国 Ⅳ. ①B933

中国版本图书馆CIP数据核字(2011)第201857号

萨满文化

SAMANWENHUA

主编/金开诚 编著/于 丹

项目负责/崔博华 责任编辑/崔博华 梁丹丹

责任校对/梁丹丹 装帧设计/李岩冰 赵 星

出版发行/吉林文史出版社 吉林出版集团有限责任公司

地址/长春市人民大街4646号 邮编/130021

电话/0431-86037503 传真/0431-86037589

印刷/北京龙跃印务有限公司

版次/2012年1月第1版 2018年1月第2次印刷

开本/650mm×960mm 1/16

印张/9 字数/30千

书号/ISBN 978-7-5472-0840-3

定价/34.80元

前　言

　　文化是一种社会现象，是人类物质文明和精神文明有机融合的产物；同时又是一种历史现象，是社会的历史沉积。当今世界，随着经济全球化进程的加快，人们也越来越重视本民族的文化。我们只有加强对本民族文化的继承和创新，才能更好地弘扬民族精神，增强民族凝聚力。历史经验告诉我们，任何一个民族要想屹立于世界民族之林，必须具有自尊、自信、自强的民族意识。文化是维系一个民族生存和发展的强大动力。一个民族的存在依赖文化，文化的解体就是一个民族的消亡。

　　随着我国综合国力的日益强大，广大民众对重塑民族自尊心和自豪感的愿望日益迫切。作为民族大家庭中的一员，将源远流长、博大精深的中国文化继承并传播给广大群众，特别是青年一代，是我们出版人义不容辞的责任。

　　本套丛书是由吉林文史出版社组织国内知名专家学者编写的一套旨在传播中华五千年优秀传统文化，提高全民文化修养的大型知识读本。该书在深入挖掘和整理中华优秀传统文化成果的同时，结合社会发展，注入了时代精神。书中优美生动的文字、简明通俗的语言、图文并茂的形式，把中国文化中的物态文化、制度文化、行为文化、精神文化等知识要点全面展示给读者。点点滴滴的文化知识仿佛颗颗繁星，组成了灿烂辉煌的中国文化的天穹。

　　希望本书能为弘扬中华五千年优秀传统文化、增强各民族团结、构建社会主义和谐社会尽一份绵薄之力，也坚信我们的中华民族一定能够早日实现伟大复兴！

目录

一、萨满文化的起源与传播

　　萨满和萨满教形成于原始氏族社会，这个原始的多神信仰，因其巫师萨满而得名。萨满教以万物有灵为基础，包括自然崇拜、图腾崇拜和祖先崇拜的各种祭祀活动是萨满教的主要内容。萨满教没有成文的经典、特定的创始人、寺庙和规范的祭礼，各种宗教活动和宗教信仰以萨满为纽带代代传承。

　　萨满教的核心是各式各样的祭礼，

祭礼是萨满教的物化形态和特殊的表意符号，折射出广大少数民族的信仰、禁忌、思维、心理和审美意识。萨满在祭礼中的跳神行为，可以消除灾祸、保佑平安、祭神驱鬼、祈求丰收。其核心内容是萨满作为神灵的使者，可以直接和神灵往来，实现着人与神之间的交流。萨满祭礼之所以能够达到神秘的物我合一境界，就是因为萨满信仰的本质是建立在人与神灵之间相互感应的基础上，借此来缓解心理紧张，和谐心理。

作为一种宗教文化形态，萨满文化是伴随着萨满教这一客观事物的产生和发展而生成的。它是这一宗教的理性的思考和精神的升华。它在千百年的发展和演变的过程中，不断地丰富着萨满教

的内涵，也扩大着它的外延，给它以精神动力，促使这一古老宗教在更高层次、更广阔的时空范围内向前发展。

萨满文化作为非生理遗传的社会意识遗传，不仅渗透于社会组织、传统习惯、道德规范和赖以生存的活动中，也对东北各民族的思维和心理产生了极大的作用。虽然，萨满文化作为古老的原始文化，已在历史的长河中消沉，但是作为人类历史文化的活化石，萨满文化的研究、保护与开发依然有着重大的历史意义和现实意义。

一般学术界普遍看法是，萨满与萨满教最早起始于通古斯，通古斯是发源

于贝加尔湖附近的一个古老的语族共同体，后来与满洲语族合并，并称为满—通古斯语族。现在属于这个语族的包括满族、锡伯族、赫哲族、鄂伦春族、鄂温克族及生活在俄罗斯境内的奥罗奇人、那乃人、乌底盖人、乌尔奇人、雅库特人。主要分布在亚洲东北部，南起北纬40度，北至北冰洋，西至叶尼塞河，东迄太平洋。人口大约在一千万左右，其中的主干为现在居住在中国境内的满族。

萨满教最初是东北亚通古斯人的原始宗教信仰，东北亚广袤的森林、草原是哺育它的摇篮。早在人类的童年时期，萨满已经活跃在这一地区。在阿穆尔河上游沿岸地区的纽克扎石崖上有一幅舞蹈状的萨满图像，这个萨满身着饰有流苏的神服，一手握着鼓槌，另一只手握着神鼓，在他的脸部画着三个大圆点，表示嘴和眼睛。其他一些萨满图画是构图式人物图形；头上戴着尖顶帽，手中握着空心圆状的神鼓。较为晚出的勒拿河地区的岩画艺术要比阿穆尔河流域的岩画复杂得多，其中有一幅女萨满的图像："她身着一件华丽的长衫，没戴头饰，伸出的一只手中握着一面神鼓。"

上述西伯利亚的岩画属于公元前4000年—公元前2000年的作品，它真实地记载了在遥远的新石器时代萨满的形象与活动，这是迄今世界考古工作者所发现的萨满文化最早的历史遗迹，也是萨

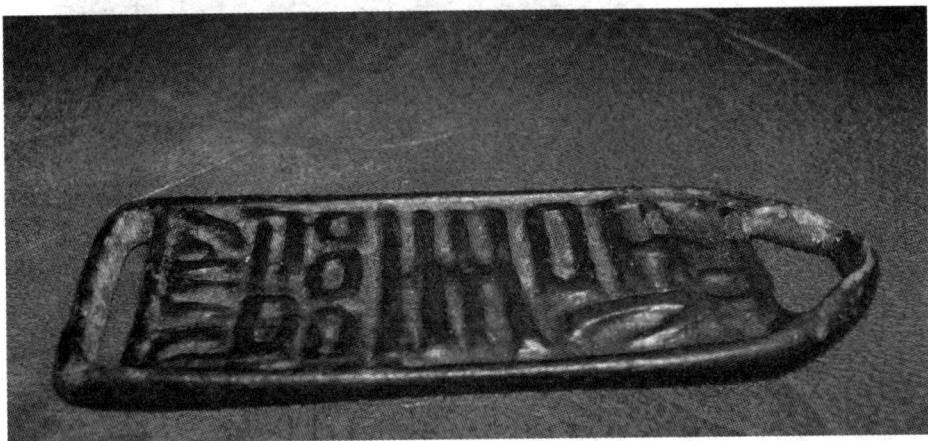

满教源于东北亚的重要证据。

"萨满" 一词见诸文献，当首推12世纪我国南宋时期徐梦莘撰写的《三朝北盟会编》，书中揭示了当时居住在我国东北白山黑水之间的女真人已经广泛信奉以萨满命名的原始宗教了，"其国国人号珊蛮者，女真语巫妪也，以其通变如神，粘罕以下皆莫之能及"。"珊蛮"即"萨满"的同音异字，均出自女真语（满语）saman 这个词。徐梦莘把"珊蛮"这种宗教主持者视为"巫妪"，是用汉族的观念和习惯作出的释义，而"珊蛮"这个词，在通古斯—满语中并没有巫的含义，基本含义可翻译成"通达之人""晓事之人""智者""贤者"等。显而易见，"珊蛮"（萨满）这个词自古以来就是东北亚通古斯人的地方语。"萨满"多出自女性，类似于中原地区的"巫妪"。萨满"通变如神"，法术超绝，在女真人的社会中起着举足轻重的作用。徐梦莘较客观和真实地记述了女真人萨满的形象和地位，具有很高的史料价值。

西方世界知道"萨满"这个词是几个世纪以后的事了。清康熙三十一年（1692年），俄国莫斯科大公的使节艾维尔特·伊斯希兰特·伊代斯和他的同伴亚当·布兰特一起访问了中国，在他们撰

写和发表的中国旅行记中第一次把满族的"萨满"介绍到全世界，从此国际上才知道了在中国的北方有一个由saman主宰的神秘世界，并把那个世界里的原始崇拜和信仰称之为samanism，于是这个词便成了至今国际上通用的专有名词，我国意译为"萨满教"。

司马迁的《史记·匈奴列传》是为北方民族所撰写的第一篇传记，其中谈到了匈奴的巫及其崇拜日月、鬼神、祖宗的情况。中国古代文献中的巫、胡巫，就是指萨满，北方民族的宗教观完全是萨满教的信仰。多神崇拜、万物有灵、求神祈福、禳灾驱邪、逐疫治病是这种信仰的核心，也是萨满教的功能。

13世纪，萨满迈入蒙古帝国成吉思

汗的金帐，著名的大萨满阔阔出辅佐成吉思汗创立帝业，他是拥有至高无上权势的宗教活动者，被尊称为"帖卜·腾格里"（天使）。后因元太宗窝阔台患了重病，按照萨满的说法，应找一个人作替身，疾病方可愈解。拖雷愿为其兄当替身，于是喝了萨满施了咒语的水，随即去世了。拖雷是死于愚昧，但是，这也说明拖雷及其他王室成员是十分相信萨满教的。

然而，随着历史的推移，契丹人、渤海人、蒙古人所信奉的萨满教由于种种原因相继退出了历史舞台，只有世代生

息于古代东北亚的土满一通古斯语族矢志如一地笃信萨满教，并将其作为民族文化的根基，深植于人民之中。

在东北亚我国境内的诸民族中，以满族历史最为悠久，如果从她的先世古代肃慎人算起的话，迄今已有几千年文字可考的历史。萨满教伴随着这个民族的成长与变迁，在漫长的岁月中所形成的萨满文化最为完整，最为典型，并且作为一股强大的萨满势力在民族意识形态中始终处于支配的地位。

12世纪，萨满教已经活跃在女真人金国的宫闱，后来金国灭亡了，萨满教依然在民间继续发展与传播。17世纪以后，女真人再度勃兴，萨满教以其压倒一切宗教的雄厚势力步入后金与清王朝的龙廷，被历代统治者所尊崇，此时为东北亚萨

满教的鼎盛时期，满族统治者把萨满信仰作为本民族的固有文化传统予以维护与扶植。乾隆十二年（1747年）清廷颁布了《钦定满洲祭神祭天典礼》，这是世界萨满教史上第一部经典，是对满族萨满信仰的全面总结与规范，它是举世公认的珍贵的民族文化遗产。满族萨满教的兴衰也与清王朝政治上的消长相始终。

清朝灭亡，萨满教也走到了它的尽头。辛亥革命后清廷退位，最后几位萨满也随之而去，在清宫廷被奉为神明的近

三百年之久的萨满教至此以后才渐渐销声匿迹。

满族的萨满教信仰有如此顽强的生命力，在整个萨满教世界里是罕见的，如果说西伯利亚的岩画只提供了人类蛮荒时代东北亚萨满活动的蛛丝马迹的话，那么满族及其先世在东北亚所创造的萨满文化和业绩足以证明东北亚的萨满教才是世界萨满教之滥觞。

满族及其先世以悠久的历史和政治、经济、文化优势在东北亚成为当之无愧的文明强盛的民族，其保存的萨满文化最长久、最完备，这是因为萨满教始终作为政治手段的补充形式被历代统治者所利用的缘故。也正因为如此，满族的萨满教成为该地区通古斯人的楷模，客观上形成了以其为核心的足以影响周边民族的通古斯"萨满文化圈",并逐渐向遥远的北亚、北欧和北美扩展开去。

通古斯各民族萨满文化的相互影响及向周边民族的渗透是在顺其自然、潜移默化中进行的,表现为非以外力强加于对方的一种传播方式。

东北亚阿尔泰语系通古斯语族的鄂温克、鄂伦春、赫哲、锡伯等族认为他们同满族近乎是同族关系,在政治上承认满族的宗主地位,在思想文化上接受其影响,甚至满语成为通古斯各民族必不可少的交际工具。由此,满族的思想观念、意识形态、风俗习惯、文化传统为通古斯各民族所效仿,他们所信奉的萨满教与满族的萨满信仰自然有很大的趋同性。

蒙古族和突厥语族中诸多民族历史

上所信奉的萨满教深受通古斯人的影响。蒙古族"以竿悬肉祭天"的祀典是通古斯人祭高山大树祀天古俗的外延，几乎与满族立竿祭天无异。这原本是渔猎民族的信仰习俗，不知何时传入游牧民族蒙古人那里，并融进该民族萨满信仰祭礼之中。我国西北的维吾尔人与亚洲北方其他部族相同，首先信奉的原始宗教是"珊蛮教"，其教之巫者称为"珊蛮"（萨满）。他们的生殖崇拜，如在树上系布条，把树当成神梯的习俗，与满族祈求保婴而祭柳，在柳树上系子孙绳、挂布条于其上，崇拜始母"佛多妈妈"等祭祀礼

仪十分相似，这是东方通古斯固有萨满文化传统渗入我国西北和北亚其他民族的鲜明例证。

通古斯各民族的"萨满文化波"也曾向朝鲜半岛和日本列岛扩展。史学家认为，朝鲜半岛中部以北，萨满教是民间信仰的主流，就东北亚而言，朝鲜半岛的中部就成了远东典型的北方萨满教的南界，朝鲜人称萨满为"巫堂"，是神与人之间起媒介作用的巫女，具有巫病、巫舞、宣谕神启等萨满教的基本特征，与通古斯人的萨满是一脉相承的。日本人

将"神灵附体"的巫术宗教职能者称之为巫，伴有这种巫术的宗教活动称之为巫俗或巫道，日本东北地区的"市子"（巫女）相当于通古斯人的萨满。日本学者指出："日本列岛位于欧亚大陆的东部边缘，由于所处的地理位置，以及日本与周围民族发生频繁的接触和交流，于是大陆的巫俗特别是通古斯萨满系巫俗，经由满蒙、朝鲜半岛传至日本列岛，这是显而易见的，北极圈一带的萨满教也流传到海峡对岸的桦太（库叶岛）、北海道，并且扎下了根。"

许多国外学者在研究北方一个大民族因纽特人萨满起源问题时，考察因纽特人的种种神话传说的发生和传播途径后断定这些神话不是经欧洲，特别不是冰岛、挪威传到格陵兰岛，而是经西伯利亚越白令海峡再东渐的，从而明确指出因纽特人的萨满教和萨满崇拜仪式也是从亚洲传去的。正是这股东渐的通古斯"萨满文化波"播到因纽特人信仰的最原始层。

综上所述，萨满教发源于东北亚，并以该地区为中心，渐次向北亚、北欧、北美扩展了它的信仰和势力范围，致使萨满教成为世界性的原始宗教，在人类斑驳陆离的历史画卷中留下了令人瞩目的一页。

二、萨满教的神灵崇拜

　　萨满教产生于人类社会远古时代的野蛮时期，即母系氏族社会的早期。那时，不仅社会的生产力非常低下，人们过着采集、渔猎的洞穴生活，而且那时的自然条件也非常恶劣，天灾人祸时常发生。自古以来，人们就有强烈的求生欲和向往美好生活的愿望。对于外界和内在的种种威胁，人们自然会产生恐惧感和祈求感。这种寄托、依赖又恐惧的心态，长

期以来控制着远古人们的心理，使他们总感到一种力量或是什么神秘的灵物在制约着他们。于是，远古的通古斯人把各种自然物和变化莫测的自然现象与人类生活本身联系起来，形成最初的宗教观念，即万物有灵。他们认为自然万物——山川、河流、树木、风雨、雷电、日月星辰、飞禽走兽等都和自身一样有灵，所以赋予它们神秘的超自然人格，于是相继出现了自然崇拜、图腾崇拜、祖先崇拜，以及由三种崇拜衍生出来的神偶崇拜。

（一）自然崇拜

在原始人的繁荣、庞大的神灵世界里，首先得到幻化并崇拜的应是与他们生活直接发生密切关系的环境，从而产生了萨满教的自然崇拜。

先民们信奉万物有灵，因此自然界中的一切都成为萨满教神坛上所祭祀的神灵。崇拜范围包括天地日月、山石湖海、风雨雷电、鹰熊蛇狼，囊括了自然界的一切生灵和天气变迁。原始人认为这些自然存在现象表现出生命、意志、情感、灵性和奇特能力，会对人的生存及命运产生各种影响，因此对之敬拜和求告，希望获其消灾降福和佑护。自然崇拜与人的社会存在有着密切关系，人类原始部落群体因其生活环境不同而具有不同的自然崇拜对象及活动形式，一般都崇拜对本部落及其生存地区的社会生产与生活影响最大或危害最大的自然物和自然力，并且具有近山者拜山、靠水者敬水等地域及气候特色，反映出人们祈求风调雨

顺、人畜平安、丰产富足的实际需要。

譬如说我国东北地区的长白山是满族先民长期以来生息发展之地，自古以来就被视为圣山、宝山、冲山。满族先人认为，长白山不仅为他们提供生活必需品，如人参、貂皮和食物，而且又是他们的祖先神，尤其是萨满神都在此山上修炼成神，并保护满族吉祥、平安健康。所以，长白山受满族各个姓氏崇拜并祭祀为神山。

在所有的自然崇拜中，以动物崇拜与植物崇拜最为多样，最为发达。

在渔猎经济时期，人与动物的关系非常密切，大至虎豹黑熊，小至禽鸟鱼虫，都是氏族成员的生活之源，其肉可食，其皮可制衣。至今，赫哲族的鱼皮衣仍属民间手工艺一绝。

有些动物对人类为患为害的同时，又对人类的繁衍生息有着巨大的价值，这种既恐惧又希冀的情感便以集体无意识的形式沉淀在动物崇拜中。比如说对熊的崇拜，它天生神力，庞大凶残，喜欢向人进攻，很难猎获，一旦猎到，肉可食，皮可衣，对氏族集体则是一大功。于是人们对它产生了极为复杂的思想感情。鄂伦春族所奉行的"古落一仁"仪式充分证明，人们是那么膜拜熊，不仅歌颂熊还祈求熊。人们带着万分恐惧的心理求熊不要危害人。他们食熊前要讨好熊，要举行复杂、烦琐的丧礼，并希望子孙跟熊一样威猛。这不过是人们为了吃熊找出的一些冠冕堂皇的理由，食熊才是维系生命的最现实的手段。无论他们如何崇拜熊，绝对做不到弃而不食。鄂温克族有跟鄂伦春族相同的熊祭风俗，他们在猎熊食熊时，均须举行相应的仪式，并有复杂的禁忌。如熊死，须说"睡觉了"，杀熊的刀子叫做"刻尔根基"(意为钝刀)。认为熊的大脑、眼珠、心、肺、肝和食道，都是真灵魂寄居之所，禁忌食用。葬熊时，人须佯装哭泣，致哀祷告等等。所以我们得出一个结论，无论动物在崇拜体系中多么尊崇，但是人类的生存总是第一位的。

植物崇拜一般比动物神话产生得晚，数量也相对较少，因为植物大部分对人有用，威胁不像凶禽猛兽那么大。萨满教对大树的崇拜便很普遍。例如锡伯族把年代久远的大树看做神树，尤其对孤独生长的大树更视为保护神。有一则传说：因闹蝗虫，天地昏暗，庄稼被毁，突然，耸立的大树树叶变成了无数的"坎肩儿鸟"，把蝗虫消灭得精光后，仍回到树上变成叶子。锡伯族人从此每逢五月初五，即祭神树，"坎肩儿鸟"则为神鸟。树叶和鸟互变，保护了人的生命之本——粮食。祖先们都不约而同地把巨树当做神树，认为谁要伤害了神树，就会受到惩罚。密林高耸，本身即很神秘，能诱发人们种种遐想。人们有时认为树能通天，有时认为树能变形，有时认为树所覆盖的范围便是一个神奇的世界。所以，他们对大树不是一般的植物崇拜，有的也包含了图腾的性质。柯尔克孜族便相信孤树是圣物，从来不砍伐，连掉在地上的树枝都不能随意践踏。

(二) 图腾崇拜

图腾崇拜是一种最原始的宗教形式。"图腾"一词来源于印第安语,意思为"它的亲属""它的标记"。图腾崇拜来源于原始的自然崇拜,但不是所有的自然神都能成为原始人信仰中的图腾,只有那些被视为人类祖先,被当做与民族有亲缘关系的动、植物,才能被称之为图腾。在萨满众图腾中,以鹰图腾和柳图腾最为典型。

在人类历史发展过程中,每个人类社会都有一个有关起源的神话,而且这一神话和宗教紧密相连,并成为人类历史的一部分。在萨满教的神话传说中,鹰占据了独一无二的地位。

在记述满族古代神灵英雄业绩的史诗性说部《天宫大战》中,天女神阿布卡赫赫命令鹰"哺育了世上第一个通晓神界、兽界、灵界、魂界的智者——大萨满"。于是，鹰也就成了萨满的象征。在满族人极为尊崇的萨满星象图中，有一个由无数个闪烁的星星组合成的一个硕大的鹰形象。其间所含的星星数量无法计数。它高居于西天，在北方的冬夜，它布满半边天空，星斗闪亮，夺人魂魄。传说它身上闪闪烁烁的星星都是萨满的灵魂。萨满死后其灵魂都回归到星星上。在萨满神歌中，鹰成了萨满灵魂的附体，前往阴间寻找并复活亡人的灵魂。

鹰崇拜在萨满服饰上也有一定的展示。神帽，满语叫"夹色"，是萨满的重要装饰物之一，在神帽上必不可少的装饰物就是鹰。萨满神帽上的鹰只数不等，这要取决于萨满身份和能力。萨满神帽上鹰的数目多寡是萨满神力大小的标志，也是萨满社会地位高低的象征，更是萨满施展自己法力的主要神具。萨满神帽上的鹰有其独特的寓意，鹰是能通天贯地的神灵，萨满依靠这些神鹰能知晓宇宙与人间的一切变化和事宜，从而更加有力地行使他的神职权力。

在萨满教的很多祭祀中，都要请鹰神，比如专门表现鹰神的鹰祭，在火祭中所请的鹰神代敏妈妈以及雪祭中所请的鹰神格格，等等。被鹰神附体后，萨满能上树，又能从大树上飞跳下来，这种"飞行术"就是鹰神神力的具体体现。

鹰除了作为萨满的哺育者之外，还被满族当成人类的创始神和万物之神。《天宫大战》中描写道：上古洪水时期，是大鹰和一个女人生下了人类。她使"清浊分天"，使宇宙的天地形成，并使其充满了光明。同时，九头飞鹰的"九块石头"变成了无数星星，"头发变成了彩虹，汗珠变成了雨水江汉，九只手变成了无数山岭，绵延无边"。一些民族还把鹰神视为春天的象征和生育神。因为它的活动与春来秋归这一自然物候相吻合，从而人们认为它是能够引起一年四季变化的神物。

满族生活的地区是茂密的森林，天然的动物园。他们的一切信仰、生产生活中的禁忌，无一不关联着野生动物。在千百年的狩猎经验中，他们与野兽结成难解难分的天缘和友谊，林间的野兽成为他们赖以生存的条件。鹰是大自然动物家族中勇猛无比的鸟类，也是满族早期狩猎生产中不可缺少的助手。鹰的身姿英武、伟岸，鹰的飞翔本领高超惊人，它既能展翅翱翔于高空，又能直冲大地。鹰的行动飞速、敏捷，并具有准确、惊人的擒拿扑击的本领。鹰的这些本领和独特的风格，使人们对它充满了惊羡和崇敬。由此，鹰成为满族人极为崇拜的圣物神

鸟和萨满的保护神也就不足为奇了。

萨满教直接联系着人类的生育崇拜,以回答"人"从何而来,即满族人从何而来,他们想象和幻化出满族原始先民由柳树或柳叶所生的神话,认为自己与柳树或柳叶有血缘关系。

柳树或柳叶生人这一内容在满族民间文学和萨满神谕中都有反映。神话《佛多妈妈与十八子》中就有佛多妈妈与石头乌克伸玛法生了满族先民之说。这是柳树直接生育人类。还有《天宫大战》中有洪水时天女神"扔下了柳枝,拯救了生灵"的内容,这里的柳枝救人表现了满族先民与柳树的生死关系。神谕中称:当天女神阿布卡赫赫与恶神魔鬼耶鲁里鏖战时,耶鲁里抓下天女神身上的柳叶,柳叶飘落人间,世上才有了人类与万物。

因为柳象征着女子，而且柳的强大生命力与秀美的外形与所象征的女性生育能力相契合，所以在后代的柳崇拜中，生殖繁衍成为柳的主要象征。从祭祀神歌的内容中，我们也能看出柳在萨满文化中的象征功能。譬如说在石姓神歌中有"如木之茂盛，如木之繁荣"，在郎姓神歌中有"由根所生，由叶所长"，在杨氏赵姓神歌中有"枝大、叶茂、擎生多"。它们都用柳枝和柳叶的繁荣来寓意子孙的繁荣。

在柳祭中，主祭对象是佛多妈妈。不管在萨满祭祀中还是在满族的生活、观念意识中她都占有举足轻重的地位。她伴随着满族文化、历史、经济的发展而变化，直至目前，她在满族老人的生活和观念意识中仍有地位。她是从远古时代就被神化崇拜的满族始祖女神。她的神职在古代司生育，被奉为生殖女神。发展至近代仍是生育神和婴儿保护神。她以

各种神通和形式出现在满族生活和祭祀中。

佛多妈妈的全称为"佛立佛多卧莫西妈妈","佛立佛多卧莫西妈妈"直译汉语为"子孙众多的柳枝祖母"。"佛立"的含义是"令进入"或是"令潜入",所以,全句意思应为"潜入(或进入)众子孙的柳枝祖母"。根据这个意思,萨满跳神时,会将子孙绳(系有小弓箭和五彩布条的绳子)从口袋中取出,一头系在挂着口袋处,绳子另一头系于柳枝上。通过萨满在柳枝前祭祀跳神,这柳枝、绳子、口袋都有了繁荣子孙的吉祥如意的神力、有求必应的神力。它们通过柳枝、绳子进入子孙口袋中并储存起来。所以，神歌中有"袋大子孙多"的寓意。有的神歌希望"口袋装上九个灵魂"，更直接说明了这个祭祀的生殖寓意。

（三）祖先崇拜

祖先崇拜是指人们对自己先人（家长、族长、部落长）的一种宗教式的崇拜感情。这种以祖先亡灵为崇拜对象的宗教形式，在母系氏族社会向父系氏族社会的发展过程中，由图腾崇拜过渡而来，并保留了许多母系氏族社会的痕迹，比如满族信奉的佛多妈妈、锡伯族信奉的锡利妈妈、鄂温克族信奉的风神、赫哲族信奉的德都妈妈、蒙古族信奉的爱土良女神等等，这些民族女神在祖先崇拜中占有非常重要的地位。

氏族社会的演进确立了父权制，原始家庭制度趋于明朗、稳定和完善，人们逐渐有了其父亲家长或氏族中前辈长者的灵魂可以庇佑本族成员、赐福儿孙后代的观念，并开始祭拜、祈求其祖宗亡灵的宗教活动，从此才形成严格意义上的祖先崇拜。

这些祖先神因其功绩或专长而成神。根据民间传说，成为神灵的祖先或萨满，他们或统一部落，建立各种规法，使部落兴旺发达；或亲尝百草，寻药治病，为部民解除疾苦；或力战群雄，聚族称王；或寻日找月给人类带来光明；或钻入地界，打开通往阴间的道路，让亡灵平安无事；或除魔、射日、治水，调理宇宙山河，伏妖降魔。这些人功勋卓著，升入神班。后代子孙因其功绩感激他们，纪念他们，把他们当做神灵来供奉。

祖先崇拜行为特点：首先是将本族的祖先神化并对之祭拜，具有本族认同

性和异族排斥性；其次是相信其祖先神
灵具有神奇超凡的威力，会庇佑后代族
人并与之沟通互感。这就决定了虽然同
为萨满教，但不同民族信奉的祖先神各
有不同，即使同一民族内的不同氏族中
的祖先神也不尽相同。下面仅以满族为
例，对萨满教庞大的祖先崇拜体系加以
管窥。

满族萨满教中的神灵可按其神职功
能和他们的影响面大小分为四类。

第一类为"瞒尼"神和技术文化神。
"瞒尼"为满语，意为"英雄"，是一类数
量众多、满族萨满教中普遍被祭祀的英
雄神灵，是满族戎马生涯和尚武精神的
真实写照。技术文化神是在某一生产领
域有特殊创造发明的有功之人，后被人
们祭祀为神灵。表现满族先民向自然索
取、征服自然的伟大功绩。

第二类是民族神。此类神是被全体
满族或是多数满族姓氏所崇拜并祭祀的

祖先神。此类祖先神又分为两类，第一类有名称、有形象、有具体神歌内容，也就是有神偶或画像，如白山主、超哈章京、佛多妈妈等；第二类无具体神灵名称、泛指一切祖先神灵，如倭车库、瞒尼、贝子、色夫、玛法等等。他们的神职和神偶、画像都随具体的姓氏而定。

第三类是萨满神。从远古时期就信仰萨满教的满族先民的萨满神是丰富众多的。而且，这一类萨满神都为自己氏族、部落服务。其形象变化因姓氏而异。各姓氏的萨满神在神歌中出现都有一个共同性：首先说明萨满神的属相和名称，也就是叫什么名字，有的也无名，但一定有属相；其次是萨满神的神技功能都有表现；第三，有的把终年岁数表现出来，如80岁、90岁等类；第四，以满语"扎哩"或是"侧立"表明是大萨满还是助手。萨满神是满族萨满文化中神话色彩浓厚的文化内容，为我们探讨萨满文化的发展

规律以及萨满的传承
和职务等提供了宝贵
的资料。

第四类为氏族部
落神。这一类是除瞒
尼神、技术文化神、民
族神和萨满神之外为
本氏族、部落的利益而英勇奋斗，后被本
氏族和部落敬仰并祭祀为本氏族祖先的
神灵，具有地域性的氏族特征。这类神灵
更具有地方和历史特色，为研究满族的
古代社会、经济生活提供了宝贵资料。

（四）神偶崇拜

神偶崇拜，是东北萨满教独具特点
的重要宗教信仰现象。神偶，即原始宗教
崇拜中被神格化了的某种灵物或偶像，
认为有某种超人的神力依托其上或其
内，能作用于人类或能影响与庇佑于人类

的生命进而予以奉承、供养和崇拜。神偶就是萨满教灵魂树上孕生的灵魂精神体的对象化,是萨满灵魂世界幻象形体的具体表现。东北诸民族的神偶艺术,光怪陆离、浩繁奇妙,泛着神性的异彩。

萨满教所崇奉的诸种神偶,其实质是萨满教灵魂观念的产物。如前所述,灵魂被萨满教认为是存在于人的躯体之内或泛指有生物与无生物的躯体之内,而又能支配与主宰躯体的一种精神体。同时在一定条件下,它又可以游离在躯体之外,与神灵世界交往,它的形态便是一种气态物质,是游动性非常强烈并具有生机的气体。它存在的时间远远超过某种所依附的躯体的存在时间,躯体可以死亡、朽坏或消失,然而灵魂则很长时间内都不会陨灭。此外,萨满教神偶属于原始氏族宗教的产物,其神只是本氏族后裔的守护神和吉祥物,只为本氏族某事某人的安宁尽职尽责，有极严格的单一性、承袭性和秘传性，这正说明萨满教仍处于原始宗教意识阶段，还未发展成为佛教"普度众生""佛光普照"的高级人为宗教的思想程度。

总体来说，萨满教神偶造型的艺术形式是意象的。所谓意象造型是指萨满教造型艺术的写意性，即指它不完全模拟对象的原有形状，而是熟识谙记，按其理解的固有形态进行想象创造，取其本而舍其末，得以神韵造型的特点。按照萨满教观念，神偶的形态灵性是神赐的，不求形似，敬其神似。根据其自然属性可以划分为以下三种：

1.动物造型。在萨满教"万物有灵"的世界观中，动物神的崇拜是很突出的，种类也很多，有着不同的形态特征。比如赫哲族的马神神偶是由两组木刻马相串而成，每组9个，大小约19厘米，清晰地刻画出马头、马身、马尾、马腿等部位，尤以马头最能体现马的特征；再如鄂温克族的“乌麦”神偶，以木雕的鸟形做内胎，外面以兽皮包缝好，并用兽皮剪成翅膀及尾羽缝在上面。“乌麦”神偶通常为一对鸟形，用皮条将两只皮制鸟连在一起。“乌麦”神偶的造型之所以为鸟形，因为他们相信童子魂为小雀，小孩死后，其灵魂能飞回天上。

2.人物造型。萨满教中的人形神偶，主要是源于萨满教的祖先崇拜观念，因此造型比动物神偶的造型更丰富。此外，制作的材质、设计的手段、制作工艺也独具特色。如赫哲族供奉的人形偶中，有一些是司病神，如司鬼神、辟邪神、痨病神等，用来祛邪除病。痨病神的设计最有特点，用木头刻制，尖顶，按照萨满教的造型规律，尖顶多表示女性，故痨病神应为女神。神偶全身是红色，红色象征着血，并且在萨满教观念中，血是可以养魂的。另外该神偶的最大特点是没有手足，只

长白山神

重点刻画了胸部的肋骨，具有一定的神秘性。

3.奇异造型。在萨满教神偶造型艺术中，有些形象既非动物，亦非人物，形状特异，无奇不有。在这些奇异造型的神偶中，有些不是完整的形态，或缺损，或作夸张和奇特的表现。究其原因，是因为梦幻中的所有形态是瞬息万变、繁杂多样的。梦幻中尤以体形与畸形梦幻为多。原始人类在无法予以科学解释的情况下，便视为宇宙中另一世界的灵魂幻体，

进入萨满的睡梦之中，便惊视为神祇，按梦索骥，制成偶像，加以膜拜。这类神偶所代表的神灵大都有着独特的来历和职能。鄂伦春族崇奉的"乌六浅"是一条腿的神，他神通广大，能腾云驾雾。他蹦跳的速度惊人，能从这座山跳到那座山，并有顺风耳、千里眼。"乌六浅"神偶的造型，简略概括，只有五官雕刻细致，腿部扁长。另一种奇异神偶，造型更不完整，仅为人体的一个部位，如一只眼、一只手、一条腿等。如达斡尔族"霍列力·巴尔肯"诸神偶中有一个名为"库力"的神偶，其造型只有一条腿。这类神偶突出表现了某一肢体的神秘力量。

对于神偶制作的材料，每个民族都有自己传统的取材种类和取材方式，最

重要的是所取之物必须有神异之兆,必须遵天命神意。如:含吉祥意义的野兽皮可做神偶,有特殊意义的色布可做神偶,各神显示异兆的地方的东西可做神偶等等。萨满制作神偶时必选清洁之处,绝不能当着众人面制造,只能做好后被族人所供。做神偶者要净身,数日独居另一净房内,做时要洗手、焚香磕头。另外基于萨满教"以血养魂、以血育魂、以血延魂"的观念,萨满在制作神偶时,必经杀牲献血仪式。神偶制成后最忌见太阳,这是因为魂魄喜栖于阴暗、寒冷、湿润之地,阳光一照,偶体内的魂魄便将离去,神偶也就失去了神性。神偶被恭放于特制的神匣中,安置在静地,如放在室外,则多供于北面背明处。

三、萨满的宇宙观与灵魂观

从理论上讲，萨满指的是在相信泛灵论的社会文化环境下具体实施与神灵沟通的灵媒。萨满与信众的区别在于：他在特殊意识状态(附体或脱灵)下，能够与超自然进行沟通或交流。

萨满之所以能上天入地、穿越三界，与神灵沟通，主要依托于一系列客观化了的为社会所公认的灵魂观和世界观。所以在介绍萨满之前，我们有必要简单

梳理一下萨满工作的社会背景和心理背景。

(一) 多层宇宙观

多层宇宙观被许多学者认为是萨满教的主要特征之一，是萨满教世界观在各种不同的原始观念基础上逐渐趋同的。

在各民族的创世神话中，记录着多层宇宙观最原始的雏形。在《天宫大战》中，最早以前，天是没有形体的，后来在水中生出阿布卡赫赫(天女)。阿布卡赫赫是最早的宇宙女神，她的下身裂生出巴那姆赫赫(地女)女神，她的上身裂生出卧勒多赫赫(光明女神)。维吾尔族古代英雄史诗《乌古斯传》中，突厥民族祖先乌古斯可汗有两个妻子和六个儿子。一个妻子是天上的蓝光变成的少女，生了太阳、月亮、星星三子。一个妻子是湖边树洞里的姑娘，生了天、地、海三子。

这些神话的共同特点是把萨满教的三层世界纳入一个共同的根源，这个共同根源或是自然神灵，或是祖先神，并通过它们表达了一个完整的世界观点。所以在萨满教仪式上，一般都有代表三界完整观念的象征符号。20世纪80年代初，在吉林地区满族孟哲勒氏家族中搜集到三位创世女神的神偶，神偶是三根圆木刻成的，长约三寸，面部是人脸形，眼睛突出有神，向着三个方向，意味着宇宙的一切方向都能看到。三女神神偶的底部连在一块木板上，意味着她们同生同降，同时主宰着宇宙万物的变化。神匣底部有圆孔，表示女神能通贯天地。

在古老的祭祀中，人类和神灵的沟通方式一般是向神灵上供和祈祷。这种做法后来成为萨满的特权，或主要由萨满来实行。萨满教三界世界观就特别为萨

满提供了一个行动的依据，萨满到接触各层神灵的专门地方献上祭祀礼品，求得神灵保佑，这就加强了与神灵沟通的"真实""可靠"性，从而发展成一种非常普遍的萨满技术，即萨满从一个宇宙领域通向另一个世界，从地球到天空或从地球到下界。萨满能够在尘世和超自然世界之间旅行，而他所属的人类群体的其他成员则被限制于尘世之内，与神灵沟通便成了为萨满所"垄断"的秘密和技术。

而这种技术的象征就是萨满对穿行于三界路径的谙熟于心。在新萨满领神阶段，被神选的萨满必须学习这些宇宙结构，这是萨满的专门知识，是关于其他世界的地形学。那些去向其他世界的道路、河流，以及必须遭遇的各种各样神灵、保护神，制造疾病的恶魔和亡灵及它们的居住地都是必须牢牢记忆的。神灵的居地，请神时一定要说清楚，同时还要准确地介绍他的来往路线，这是萨满的基本功之一。

这种三层宇宙观在萨满祭祀活动中也多有显示。萨满教多层宇宙观念的核心象征是宇宙树，宇宙树在世界中心，在地球的脐上，它的上端接触到神灵的殿堂，根须到达下界。它象征三界沟通的渠道，代表世界中心和上下各界相遇的关键地点。对萨满来说，这个中心的符号在萨满教观念和仪式中起重要作用，它是天地、神人、生死联系的纽带，也是萨满与神灵沟通的媒介。这个沟通概念，在萨满教的神话里，可以通过树、山、河流、桥、彩虹、梯子等等符号来表达，这些符号都是宇宙树、宇宙轴观念的变异表现。

（二）萨满的灵魂观念

按照宗教学家的定义，灵魂是寓于个体之中，赋予个体以生命力，并主宰一切活动的超自然存在。灵魂观念是一切宗教观念中最重要、最基本、最古老的观念之一，是整个宗教信仰赖以存在的基础。

不管是活人的灵魂还是死去的人的灵魂，都可以离开形体独立活动，这是萨满教相当普遍的灵魂观念之一。

人们相信在人睡眠、走神、患病时，或在萨满昏迷中，灵魂可以自觉或不自觉地出入肉体。萨满灵魂可以飞升，有到其他世界旅行的能力，还可以前往阴间护送死亡的灵魂。睡眠作为独立灵魂活动的有利时机，被认为是萨满和神灵灵魂沟通的重要途径。很多萨满都介绍了他们通过睡觉做梦，获得萨满医术和法术的经历。由于这方面的萨满经验，人们把贪睡看成是萨满通神的标志。萨满相信做梦时依赖灵魂外游，可以与不同空间的神魂接触，特别是能够与本氏族的萨满祖先的神魂接触。这种出游，或长或短，可能几个小时，也可能几天几夜。这种做梦的技术像疾病、昏迷术一样，是成为萨满的途径之一。萨满教相信如果灵魂受到伤害或走失，会导致生病或死亡。这里表达了灵魂代表人体的生命力，是形体活动主宰的观念。

在萨满教信仰里，萨满不仅自己的灵魂可以通灵，而且可以驱使一些诸如蜜蜂、蝴蝶、蝇、小蛇、蚂蚁、蜘蛛等小动物的灵魂为己所用，还能制造疾病。萨满请神和占卜等活动，据说就是运用和驱使这些小动物的灵魂，因为它们可以拥有瞬间游历各地、窥探隐情、探听秘密、相邀或察访神灵等神奇的力量。这些动物的灵魂，对常人来说或许无法控制，对高法力的萨满来讲则不然。民间萨满们把灵

魂控制术，包括支配小动物的灵魂，看做萨满的职业能力。萨满能够驱策和借请游魂，使之为自己的意愿服务，并制造预想的结果。

亡魂是萨满教独立灵魂观念的典型表达方式之一，也是最普遍的灵魂信仰。

在比较古老的萨满教灵魂观念里，亡魂的去处并没有专门的阴间、冥府。相反，在氏族制社会结构的限制下，亡魂的归处，因氏族的局限，是多元的，也是多种取向的。一些民族认为，灵魂源于司命的神灵，如生育神乌麦或北斗星。魂住在天界乌麦神的圣山上或星座里，它们在那儿被神灵滋育，并从那里被派往氏族。萨满可到星斗上的灵魂国度跳神，将那里的灵魂运回来，使地上的氏族人丁兴旺，牲畜繁盛。

冥府（俗称阴间）信仰的形成和流传有萨满教职业化发展的自身原因，也有来自佛教的影响。冥府在北方各少数民族中有不同的称呼。在满—通古斯语族各民族的萨满教调查材料中，常见的称呼有布尼、依母堪等。

至今，在民间信仰中，人们把能够"过阴"即送亡魂或到阴间取病人灵魂的萨满看做各类萨满中法力比较大的萨满，各民族群众在谈及本民族最有名望的萨满业绩时，对他们的过阴经历最为乐道。过阴，在民间信仰里是萨满最重要的职业标志。而根据萨满口传，通往另一个世界——亡灵的国度的大门，是萨满打开的。

在萨满教的宗教信仰中，到阴间去的不仅仅是亡魂，还有病人的灵魂，萨满过阴之所以被津津乐道，最重要的原因是，他们不仅是活着能去阴间的人，而且能够到阴间取回因各种原因到了阴间的病人的灵魂。这些病人，有些是已经死亡或垂死挣扎

者，所以萨满能过阴意味着能起死回生。

萨满教还有一种普遍的信仰，就是认为灵魂平时深藏在生命体的骨窍等部位中。人死后这个灵魂不会随形体的死亡而死亡，它继续存在死后的人的遗骸里，即藏于骨，乃至牙齿或头发。对这类灵魂，萨满常因各种缘故加以召唤。因此，萨满常常把这些存有灵魂的骨头佩带在萨满服饰上，它们是有生命力的神圣器件，是萨满神魂原型的象征。骨既为魂之附物之一，对活着的亲族来说，就要采取各种方式，使它有益于而不是有害于它的群体。东海窝集与黑水女真人萨满死要风葬。风化后捧拾神骨为室中神灵，存放专缝的小桦篓内，挂在北墙，外迁必携带。人死将神骨先放樣中，可使子嗣不绝。灵骨与子孙繁衍的关系密切，它的完好与否涉及亲族的绵延状况。同样，毛发、兽皮、飞禽的羽毛等，都被视为有灵魂存在的象征物，萨满教的某些神偶就直接由这些东西所象征。

用某种物质的形式说明灵魂，这也是萨满教灵魂观的特殊表述方式之一。这种灵魂存在的方式具有某种理性色彩，即包括人类自身的某些经验内容。例如，某些民族把灵魂同人的呼吸联系在一起，将它看做像气息一样在体内穿行，呼吸停止了，气息消失，生命也就随之了结。

在萨满教信仰中，最为普遍的物质灵魂当属血液。把血液视为灵魂，视为生命力的观念在原始的血液崇拜习俗中就已见端倪，它是人类初期灵魂崇拜的重要内容。血即生命，血亏魂虚、血亏力弱、血亡魂失、血亡命丧。原始人类在被野兽残害的痛苦经历中，逐渐意识到，不论是人还是禽兽，只要体内

的血液流干，不久便要丧命。生命体内这种红色的液体原来就是生命力的来源，是生命的操纵者，从而产生崇尚血习俗和血液灵魂崇拜。

北方民族的萨满教就持有这种血—魂统一观。以血养魂，以血育魂，以血延魂，作为重要的信仰观念，在萨满教的巫术行为中表现极为充分。萨满在仪式中喝血，在现今的通古斯语族萨满跳神中仍旧保持着。萨满教各种神偶，完全被看做是"人"。要维系其生存的本能，使其生命绵长，就是补血，以使偶体内的灵魂长存，永远活在世间，为本氏族服务。偶体若是禽骨，便杀鹅、雁等飞禽血润骨，即将作偶体的材料先要泡在禽血中一宿，有时时间更长；偶体若是木质、石质则要放在动物(鹿、刺猬、猪)血中浸泡；偶体是牲骨，是什么动物的骨头就要捕捉什么动物，用其鲜血浸骨润骨。萨满们将血润后的偶体形态，称之为"有魂""有

神""有了生命""有了知觉"，只要萨满
鼓声一响，它便知晓一切了。

　　萨满教祭祀活动经久不衰的杀牲习
俗便是萨满教杀牲育神奉神的观念的直
接后果。萨满祭祀历代都极重视备牲、
养牲、杀牲，无牲不祭成为萨满教重要
信仰观念和行为。

　　上述种种灵魂观念的应用和泛化
构成了萨满教庞大的神灵体系、复杂
的法术观念和各种灵魂世界。在萨满
教研究中，萨满灵魂出游的技术、萨
满神灵附体的经验、萨满保护、转换
灵魂的法术、萨满斗法和比赛等等，
都被作为萨满教的典型特征，受到突
出的重视。而萨满教的神灵体系也是
在万物有灵论和独立灵魂观念基础
上不断应用的结果。

四、成为萨满的途径

　　如前所述，萨满是人界和神界的"使者"，是神灵在人间的代表，担负着为众人治病、主持各种仪式的职责，故他们的产生也非同寻常，神秘莫测。萨满教造就一代一代的萨满都经过了特殊的途径，绝不是随便什么人凭着自己的意愿和决心或应氏族人们的请求，或靠萨满师傅的挑选就能成为萨满的。一个人若想成为萨满，必须经过三大关——即神灵的选定、本氏

族萨满的教授，最后要通过领神仪式的考验。这三大关都顺利通过才能获得萨满职位。

（一）神灵选定

所谓神灵选定，是指本氏族的萨满神灵选定未来萨满的对象，其选定过程非常神秘令人难解。被选定的未来萨满对象，不是由他自愿申请和祈求或经老萨满向神灵推荐而入选，即使这些申请人和推荐人的意愿再强烈也不能够成为萨满，非要经过神灵的选定不可。被选定者也许在出生前就被神灵"感召"，从而走上萨满之道。这样的人必须"骨头洁白，血液纯净"，他只要得到神灵的"感召"，即表现出与众不同的征象，如经常歇斯底里、恍惚、昏厥、精神错乱，或独自在村外旷野游历，或患病不愈，十分痛苦。处在这种精神状态的人时常发生幻觉和做梦，神灵出现在眼

前，表示他被选中，要他或强迫他走萨满
之道接受萨满使命。这是一个精神和肉
体都遭受痛苦的过程，若他不同意就继
续受折磨，病情越发严重，延续数月，甚
至数年之久，他的全身骨骼常在梦中被
分解散架，再一根根地接连还原。做这种
梦时，若被人叫醒，则更加痛苦难忍。这
种痛苦一直持续到他终于屈从神灵，表
示虔诚地接受萨满职务为止。之后他要
昏睡七天七夜，这表示要去神灵那里履行
必要的"手续"，这期间不能被人叫醒，否
则大事半途而废。

　　出现这样的症状的人当中，体力健壮
的男子极少，最为普遍的人选多为已婚后
的青年女子或未婚女子，也有中年妇女。
当然，有萨满血缘关系的男子或男青年也
不少。这些症候是检验和考察真假萨满的
最重要、最直接、最明显又无法哄骗大众
的试金石。按照萨满传统观念，唯有通过
对新萨满的特质征兆严格验查，才可以确

定是否是神赐萨满。

神灵选定的另一特征是鲜明的氏族性。萨满教是以氏族为本位的原始宗教，氏族组织和氏族制度是其赖以产生和发展的基础，因而氏族性是其基本特征，氏族祖先神、图腾神、守护神都各有所尊，互不混杂。所以萨满死后只能由本氏族成员承袭。譬如说，女萨满所领的神只能是娘家氏族的神灵，即使出嫁后亦然。她们死后其神灵又回归原氏族，在氏族内选择新的传承人。一般而言，检验一位未来萨满的标准是看其是否继承了氏族萨满的神统，而对此的判断则主要依凭萨满与神灵交会的体验以及萨满在这种特定的状态下所表现的超人技能和异常状态。也就是说，未来萨满所领的神应是氏族萨满一脉相承、代代传递的神，并因此使其具有前代萨满的特异本领。如前代萨满擅攀树，则其亦然；前代萨满长于接骨，则其也必以接骨见长。在传统的以萨满教为精神核

心的氏族社会，这种对未来萨满的
检验被视为氏族的头等大事，它事
关氏族神事传统的延续。从某种意
义上说，它也事关氏族的兴衰，因
而备受重视，通常由以氏族长为首
的氏族领导集团按照氏族传统严格进行。

由于这种氏族性的存在，一种不同于
神灵选定的"族选萨满"应运而生。由神
灵选定的萨满叫"大萨满"，即本姓氏前几
代已故萨满中的一位灵魂回转，附到本族
某一位显露出某种特异表现的人身上，该
人具有请神附体和灵魂出体外游等能力；
而以族选方式产生的萨满被称为"家萨
满"，不具附体、昏迷等神秘能力。两者同
时存在，各司其责。在家族烧香等神事活
动中共同发挥作用，但族内族外均公认大
萨满是真正的萨满，该家族萨满辈分的排
序也唯大萨满的传承是尊。

随着清代乾隆年间《满洲祭神祭天典
礼规范》的颁布，满族萨满传承中传统的

神授方式多被族选的方式代替,保持古老"神灵选定"传统的家族已为数不多。尽管如此,一些较多地保留古老萨满教传统的家族则依然以是否经过"神灵选定"作为衡量真正萨满的标准。

(二) 学萨满

每一位萨满,无论是神授萨满、世袭萨满,抑或族选萨满,都要经过这一特殊的教育阶段,满—通古斯语族称之为"教乌云",即学萨满。

这也是一个艰难的过程,需要拿出最大的决心,刻苦用功才能达到目的。学习包括很多内容如击鼓、耍枪、各种歌舞动作和曲调,穿戴神衣神帽,背诵各种祷词、神歌,有关萨满观念的知识,各种仪式的规模、形式、用途和程序。还要学习巫术、问病、针灸、用草药、请神、驱魔、招魂、跳神的知识和动作。学萨满的核心的内容是进行跳神训练，习练昏迷方术，跳神训练的最高标准是跳到神智不清，精神恍惚，自觉进入神灵附体状，方达到学萨满的最高境界。经过长期专一的习练使萨满形成了条件反射，一旦进入特定氛围，就能及时出现迷痴状态，这即是萨满在祭祀中能够有效地控制自己，适时施行昏迷术的缘故。从某种意义上说，萨满自由进入昏迷(潜意识)是后天训练的结果，能够成功地实现自我控制，在仪式上的特定程式中完成昏迷行为的萨满均具有极强的自控能力和神经反应力。这种能力既有遗传因素，也是学习和训练的结果。

萨满徒弟在接受萨满训练时，还要潜移默化地熟悉本族自然界中的神灵习性和祖先形象。每个萨满都有各自至上神祇和钟爱神灵，像自己的亲人和朋友，患难与共、朝夕心息相通、不离不弃。萨满对百余位神祇的性别特征、情爱秘密、声音笑貌与怒容、禀赋与性格、年龄与神历、体貌状

况、平日生活情致和特长爱好、穿戴服饰都要了如指掌，要时时刻刻与他们交谈联络感情，达到"朝暮暗祭，铭心不忘"的境界，这是神灵附体的基础。

萨满徒弟的学习时间一般是三年，可延长或缩短，根据具体情况集中时间或断断续续地学习。凡有请其师傅从事萨满神事活动者，萨满徒弟要跟随左右，在实践中逐渐体悟萨满术的要领。总之，他必须掌握这一系列艰难而复杂的知识、法术和本领，和本氏族的神灵建立亲密无间的密切关系。同时，他还必须成为一个虔心于萨满之道、正直且善良的人，否则即使学会上述知识和本领，也不会见出功效。

(三) 领神仪式

萨满领神仪式，或称萨满加入仪式，是新萨满必须经历的最后一关，也是萨满

生涯具有标志性意义的仪式。从
萨满所属的群体来看，萨满领神仪
式标志一位新萨满的诞生，沿袭
祖先神力得以继承，从而使氏族的
安危获得保障。对于萨满个人来
说，通过领神仪式，萨满的身份得
以确立，被氏族承认，从此获得独立举行
萨满神事活动的资格。

　　按照萨满教的灵魂观念，领神仪式标
志着萨满神灵附体从原来的无法自控到实
现自控。也就是说，每一位新萨满自患萨
满病后，就与神灵发生了联系，只不过那
时为非自主附体，神灵起主导作用，神灵附
体无规律性可循，新萨满对此没有控制能
力。然而，新萨满接受萨满医治，特别是承
诺当萨满，并在老萨满的指导下逐渐掌握
降神附体和进入异常意识状态的技术后，
则意味着新萨满已具有一定的驾驭与超自
然沟通的能力，新萨满原有的在非自主性
附体状态下的种种病症也随之逐渐消失。

正是从这个意义上说，萨满领神仪式具有解除萨满个人危机的功能；从社会的角度看，萨满领神从来不是个人的行为，而是全氏族的重要事宜。因此，其社会意义也就显而易见了。

各民族萨满领神仪式的名称、仪式各不相同，但领神仪式的意义却是一致的。往昔在满—通古斯语族各民族的萨满祭祀仪式中，萨满加入仪式往往是以"登攀仪礼"的形式出现的，以爬刀梯或爬树梯象征前往天界。满族萨满举行加入仪式时，屋前立两棵叫做"土鲁"的树，其长约90—100厘米，两棵树之间用5、7、9等奇数为单位的横杆连起来。离数十米远的南边另立一棵"土鲁"，并用细长的皮绳把两棵"土鲁"联结起来，绳的两端有飘带和鸟的羽毛等，那就是神灵通过的路。绳上连串着木轮，木轮可以在两棵"土鲁"之间自由移动。萨满徒弟坐在两棵"土鲁"中间敲鼓。老萨满把所有的神灵请降到南面的

"土鲁"上，并把它们用木轮送到萨满徒弟那边。萨满徒弟必须详细地复述所有的神灵的来龙去脉。当天夜里，萨满徒弟要爬上连在两棵"土鲁"之间的最上边的横杆，在那儿稍微停留，并把衣裳挂在"土鲁"的横杆上。这种仪式一般连续3天、5天、7天或9天。

萨满领神仪式在一些民族中具有程式化的特征，形成固定的模式。这种仪式具有突出的民族性。如蒙古族的过九关仪式、锡伯族的上刀梯仪式都属此类。

总之，领神仪式作为一个分水岭，萨满在神圣时间、神圣地点，经过神圣仪式完成了由俗界向圣界的转变。在领神仪式上，萨满候补者通过某种特异表现，表明已接受神的考核，该氏族通常要为萨满穿上已备的萨满服并配以鼓、手杖等法器，以示其获得萨满资格和神权；或通过宣誓的形式及其肉体支解的象征意义，完成萨满神圣化的过程。

五、萨满的祭祀

宗教具有社会性，而宗教的社会性来自于人的社会性，因为人是社会动物，人不能离开社会而获得或显示人性。人的意识就是社会意识，人的实践就是社会实践，人的需求就是社会需求。因此，宗教从来都是社会性、群体性的存在，个体性的信仰和宗教行为并不构成宗教。

在信仰萨满教的社会环境中，萨满的角色也不是个性的，他所行使的职能

无疑打上了社会性的烙印。换言之，为社会服务是萨满的主要职能，具体的社会需求是其实践的动力。包括萨满种种神秘莫测的能力也是其在履行社会职责中得以实现的。在氏族成员和社会本身面临生存和生活危机或困境时，萨满要为人们举行各类仪式以禳除不幸与困扰；在生产活动中，他指示打猎区域，为狩猎不丰者查找原因；在氏族和部落遭遇侵害时，他是对威胁个人或群体生活的敌对势力的驱赶者。萨满集宗教治疗师、祭司、预言家、争端调解人等职能于一身。其社会作用在于解人们的焦虑，为人们提供心理慰藉，强化社会价值观，增进群体的凝聚力等等。

当然，萨满活动的社会性总是披着宗教的神秘外衣，在所有萨满的社会职能中，其宗教职能无疑是最为重要的，而在所有的宗教职能中，居于第一位的是进行人与神之间的沟通，效果最明显、传播面最广、规模最盛大的无疑就是宗教仪式。

萨满教仪式是萨满借以展示其社会作用的途径，是萨满履行群体所赋予的职责的一种实践方式。在萨满教名目繁多的仪式活动中，一个重要的仪式类别是治疗仪式。在此过程中，他通过公开表演自己的能力，或者通过献祭、歌舞娱神、驱魔等一系列仪式行为，使病患者或公众放心地认识到，人类并非没有能力对付尘世间和超自然的邪恶力量，导致不舒服或疾病的原因已经找到，与外部世界的冲突正在和解等等。简言之，治愈仪式具有两方面的功能：一是解释功能，主要用于解释病因；第二个功能是实现转换，即实现由偏离到正常，由病态到健康的转换。萨满在治疗仪式中的表演形式上做到与神灵的沟通，而实质上则是实

现与其信众情感、信仰的交流与互动。对求治者而言，治疗过程中伴随着来自超自然力量的干预，而来自于超自然支持感的主要益处在于减轻焦虑与压力，以增强治愈的信心。

萨满及其信众生活在相同的文化背景下，仪式的价值是社会成员所公认的，仪式的意义是特定的社会文化环境所赋予的，是人们在与他人的互动与交流中获得的。在由萨满主导的萨满治疗仪式中，并不是萨满的独自表演，其信众也往往参与其中。在仪式中，集体的力量获得重新整合、群体的信仰得到了强化、群体的参与愿望得到了实现。所以，包括治疗仪式在内的萨满教的任何仪式行为都要得到社会的承认和群体的参与。社会给予仪式以超乎萨满个人之上的权威，使它对萨满，对举行仪式的任何个人和社会群体，都具有影响力和约束力。因此，仪式也是信仰群体认同的对象，具有特定的社会功能和作用。

萨满教宗教仪式的主要表现形式可以概括为"行巫术"，而巫术的特征是"萨满昏迷"。萨满通过与神灵直接交往的昏迷形式，去完成他的任务。萨满的昏迷有两种形式：一是占有昏迷，即神灵附体，萨满的肉体被神灵占有；二是游历昏迷，即灵魂出窍，萨满灵魂离开肉体去神灵世界。这两种能力就是脱魂和显灵。萨满的脱魂和显灵不是在任何时候都能做到的，只有在跳神时才能做到。不管是灵魂出游还是神灵附体，萨满在昏迷术中所表现出来的特有的精神体验和心理技术方面的特质，才是最受人们关注的具有代表性的萨满教特征。

在萨满教仪式上，由多种要素共同营造一种神圣、肃穆、迷醉、狂热的气氛，使萨满和族众在狂热中融为一体，从而引发萨满和族人的种种宗教情感和宗

教体验。同时,萨满为仪式专门布设的祭坛,敬奉着作为神灵象征的神偶、神像和各种特制的享神供品,构成一个神圣的空间,使人顿生敬畏之感,萨满和助神人通过鼓、腰铃、铜镜等神器的缓急不等的音响,传达萨满请神和与神灵交流的种种信息;萨满穿上被赋予神秘力量的萨满服,随着铿锵的音响起舞,请神悦神,如行云,似疾风,宛如神灵在宇宙中飞翔。这些要素共同构设一个令人迷痴沉醉的神秘意境,使人产生与神相交的神秘感。此时,在香烟缭绕、光线暗淡的祭坛前,经历了数日祭神活动的萨满精神高度昂奋、紧张,在同样处于催眠状态下的族众的拥戴下,极易进入痴迷忘我的状态,而达到瞬间昏迷神人合一的幻境。

可以说,萨满在仪式中的特殊意识状态是多种因素共同作用的结果。在萨满教仪式中,音乐和舞蹈占有十分重要的地位,具有多重功能:既是萨满与神灵沟

通所凭依的特殊语言，又是萨满表现诸
神形态的必不可少的手段；不仅为萨满
实现人格转换创造了特定的宗教氛围，
而且其本身对引发萨满生理、心理和意
识变化也有着直接的作用。一些实验性
的研究表明，在萨满教仪式中，由于萨满
持续不断地接受单调音节的反复刺激，
使其神经系统和器官发生变化，极易进
入一种意识变化状态，产生种种神附体
的幻觉。如果说萨满乐器是通过音频刺
激感官和神经，从而引发萨满神秘体验
的话，那么，舞蹈在萨满教仪式上则往往
成为萨满进入昏迷状态的前奏。萨满昏
迷多半发生在仪式中的狂舞之后。换言
之，正是在激扬狂舞之中，萨满的灵魂飞
升和神灵附体才得以实现。

也有一些萨满为了进入那痴迷忘我
的人神合一的极致状态，会求助于一些
致幻药物。致幻药物是指能引发宗教信
仰者神秘与超凡体验，并使其知觉、意

识发生变化的某些兴奋性、麻醉性的药物。萨满常在请神和神附体前秘服自制的迷幻药物。如烈性药酒、药泡旱烟、乌头水等，以求兴奋、解累、消渴、抗寒、壮胆、镇静等功效，使萨满能在长达数日的祭祀期间做到精神足、情绪好、体力壮、嗓音亮，从中获得必胜的信心。因此，它们被萨满们视为祛病除秽提神的灵丹妙药。

现代科学研究认为，致幻药物可使服用者中枢神经麻木，并有脉搏加快、瞳孔放大，产生幻觉、幻像之奇效，从而使萨满的生理、心理和思维意识发生短时期的改变，使萨满迅速进入迷痴癫狂状态，激发其超常的特异潜能。同时，在仪式上持续不断地燃烧具有兴奋提神作用的植物粉末，也从外部对萨满的精神产生刺激。当然，随着萨满教的衰落，这些致幻药物也近乎绝迹。

　　萨满教仪式中的某些器具和装饰，在萨满经验看来，也都具有特别的作用。

　　萨满教里有一类器具是萨满请神、通神用的，有的民族称作响器，即有声响的敲打器具。这类多是请神的敲击器皿，能够制造紧张的、神秘的、扣人心弦的宗教气氛，还能够模拟各种神秘声响，不论对萨满还是对观众都产生如临幻境，同神接触的"入境"效果。萨满鼓是各个民族普遍采用的响器，有的民族认为敲鼓是为了聚神，神灵喜欢鼓声，一听到鼓声马上就到，这种解释暗示了敲鼓是萨满请神的一种方式。也有民间传说，恶魔害怕鼓声，仪式中使劲敲鼓可以赶走恶魔。当然最多的解释是鼓为萨满灵魂出行工具，或是以鼓为船，以槌为橹，或是以鼓为乘骑、翅膀，遨游三界。

　　在萨满仪式上，北方民族普遍采用的另一个器具是铜镜。关于铜镜的神秘

信仰是十分普遍的，比如认为它本身就是神，不受萨满人为的支配，而能自行其事，四处游荡，忽多忽少，哪儿出现敌情便飞出去独自应战。它还被认为是太阳、光明、温暖的象征，极有神力和威严。

萨满征服某一恶魔区，探索某一未知的天界，都要依靠它的光明照耀，因此铜镜始终不离萨满。它还是武器，铜镜是安全的卫士、驱邪的武器，它常出行为部落打仗，战斗力极强，神力无边，它能打败难以被别的神制伏的恶魔。在萨满教兴旺时期，萨满们披挂的铜镜相当讲究，最大者象征太阳，往往挂于前胸；与之对应的后背者稍小，代表月亮。也有的两肩挂两面铜镜，称为左日右月。也有的在萨满腰间前后挂两个铜镜，是为日月相环，萨满的前裆胯间也有挂铜镜的，它是生育信仰的一种表达。萨满身上的铜镜越多，就越被看成神灵多、神灵大。我们在达斡尔族萨满服上看到，其前襟左右各钉小铜镜30个，后部钉有4小1大5面铜镜。而蒙古族的一件萨满服上竟有120面大小铜镜，重达160斤。甚至有的萨满帽上也有小铜镜，据说它既能护头又能驱邪赶鬼。

萨满祭祀中还有枪、刀、棒等兵刃、器具，它们也被赋予神力，萨满神灵附体之后，他扮成神用这些器具表演特技，施展神威。人们还相信这些神器能消灾祛病，保佑康宁，若在受病魔困扰的人身上碰揉、抚摸，神力就能透入病体，驱妖除孽。

这些萨满服饰和祭祀器具在萨满宗教经验和仪式表演中都有相对独立的要素功能，它们的相互关联，相互作用，与萨满的角色标志和角色表演构成一个有机的整体，从而使萨满顺利地完成其形象和使命的塑造。

六、萨满传统文化

　　由于当时特殊的生存条件和生活状态，萨满教成了东北亚各民族的生命纽带，成为社会生活的核心，它与大量的社会因素深深地交织在一起。因此，在漫长的历史中，社会文化生活的各个方面和各个领域都与萨满教密切相关，在萨满教观念和活动中各种文化的幼芽几乎无所不包，它既是传统文化的基石，集北方鲜明的史前哲学、宗教、历史、天文、医学、

文学、艺术、民俗诸文化之成就，又成为了文化传承的重要载体。萨满教虽然已经退出了历史舞台，但由其衍生出来的萨满文化却永远不会落幕。

(一) 萨满服饰文化

萨满在神事活动中，常常在身上披挂特殊的服装和一些与萨满教观念密切相关的饰物，这些统称为萨满服饰。萨满服饰作为仪式场合萨满身份的特定标志，是萨满身份转换的凭借。在仪式上他依赖这种标志，作为非人非神的过渡者，在人神之间进行沟通并实行着人神之间的身份转换。

萨满服饰一般由上衣、裙子、披肩、背心、护腰裙、靴子等不同部件组成，每个民族的服装组合方式有些差别。之所以是裙装，是因为早期萨满多为女性，因此在跳神时穿的是神裙。后期虽然有了

男性萨满, 但是偏女性化
的着装方式依然被保留了
下来。

　　萨满帽也是萨满标
志的重要组成部分, 赫哲
族、鄂温克族、鄂伦春族
等多以鹿角做头饰, 高耸
多杈的鹿角被认为是萨满庇护神的存身
之所。在有的民族中, 鹿角的杈数象征萨
满等级, 有三、五、七、十二、十五杈不等,
杈数越多, 萨满的本领越大。满族也有饰
鹿角者, 但多饰鸟。鸟的数目不等, 有三、
七、九、十三、十七、二十五等, 数目全由
各姓自定。各姓神帽多表现所崇祀自然
宇宙大神的数目、内容及神权范围。人们
认为鸟是生命、灵魂的居所, 它能飞翔与
各神交往, 因此也是具有这种能力的萨
满之象征。各种萨满帽的前面多有下垂
的细布条或珠坠来遮盖萨满的面目, 民
间传说, 这是萨满隐蔽自己身份, 保护自

己在他界旅游的防身措施。而在萨满施展昏迷术时，这些在萨满面前不断晃动的坠链有助于萨满进入昏迷状态。

由此可见，萨满服饰也是信仰观念的集中展示。它利用自己的象征形式和象征物显示萨满拥有的各种神灵和萨满沟通能力的界限、方位，表达信仰内容上的特点、流派和萨满身份等级。

萨满教的三界宇宙路线图，在有的萨满服装上就有清楚的表示。在埃文克—鄂伦春人中每个萨满的服饰不同，他们的能力也就不同，但标志物所显示的萨满能力区域却是鲜明的。如布廖捞氏族萨满的一件长衣上，宇宙是用一块背部镶条体现的。在这块镶条上，地球或中界用三条横线标示。下界用九个弯曲的三角形突起标示，上界位于"地球"上

方,用帽上的铜镜表示太阳。外面包着鹿皮革并固定在太阳形象下面的天鹅图形代表的是萨满灵魂的储藏所。这个萨满的主要庇护神是阿戈迪。它被表现为拟人拟兽形的外貌,其图案位于比其他辅助神像都高的中间位置。大体辅助神的储藏所被表现为熊、偶蹄猛兽和鸟的形象。在神衣背部固定于象征地球的薄片上的图案和腰穗,说明的是萨满的下界。下界辅助神的储藏所是带两条小鱼的猛犸和全能的蜥蜴与蛇。上界是用环绕神衣胸部、肩部和背部的环形穗子表现的。穗子共有177条,其中每条都代表一条通往上界的萨满道路。神衣胸部的一些圆形金属薄片象征着萨满所不知道的,但在宇宙中存在的土地。由于萨满不熟悉这些土地,因此在这些土地图案上没有用条带表现的萨满道路。萨满氏族领地的象征物固

定在穗头略微下面一点。在这个象征物的中央有一个通往下界的入口，周围的辐射条带表示萨满的道路。

萨满教的神灵崇拜在萨满服饰上也能找到相对应的设计和装饰。

森林树木崇拜在东北亚各民族中曾经普遍存在，这与他们原始狩猎生产相联系，是他们对自然环境崇拜的一种反映。这种信仰在他们的萨满服饰上也有明显的展示。如科尔沁蒙古部有一种萨满帽，其帽顶上左右对称地竖有铜制的树枝及叶片。从历史记述上看，从成吉思汗时代起就一直保留有祭神树的习俗，所以在萨满帽上装饰树的造型也是很自然的现象。早年达斡尔族萨满的神裙飘带上绣有12种不同神树的造型。在鄂伦春族萨满服裙腰上，有的绣有"萨满作法图"，画面正中绣有大树，萨满围绕大树在举行祭祀，树下有鹿，为祭天的牺牲，此树即为"宇宙树"。

鹿崇拜在一些民族的古代信仰中占有非常重要的地位，并且在他们的萨满教文化中显得更为突出。这是与这些民族古代狩猎生产相联系的一种古老崇拜。在古代这些民族中原始狩猎生产是他们衣食住行的主要来源，而且在原始狩猎中，人们往往蒙鹿皮伪装围猎，获得成功后把成功归于鹿皮的神力，对鹿加以崇拜。在这些民族中，萨满服多以鹿皮制作，把萨满装扮成鹿的模样。如敖鲁古雅鄂温克人和通古斯鄂温克人萨满服不但以鹿皮制作，而且下摆下端、双袖下、胸前兜饰下方都有鹿皮条穗饰（他们认为皮穗表示鹿毛），甚至在萨满服上饰有鹿的骨骼造型。敖鲁古雅鄂温克人还在萨满服前胸兜中间饰一小铜镜，以之作为鹿的肚脐。

生殖繁衍意识也是这些民族古代信仰意识中的重要组成部分，这在他们的萨满服饰上也有反映。如敖鲁古雅鄂温

克萨满后背及双肩下悬挂有36条鱼形造型，表示族人像鱼一样繁殖兴旺。在鄂伦春、达斡尔、索伦鄂温克人萨满服饰颈背双肩及前胸都饰有白色贝壳，组合花纹虽然不一样，但意义是相同的，都被称为"子安贝"，这些贝壳代表了部族众人在萨满的保护下人丁兴旺。就是萨满教的仪式中也有保护祝福部族人丁兴旺的仪式，其意义与"子安贝"相同。

在漫长的社会文化进程中，萨满服饰也被不断地简化，这在满族身上是最明显的。何、杨、郎等姓氏的萨满服基本是上身穿汗衫，下身着裙，汗衫为白色，裙子则色调不一，多以颜色艳丽的绸缎为之，其上镶嵌图案，周边精绣彩花，比日常衣饰做工精细，雕琢细致。锡伯族的萨满服与满族类似，上身穿白汗衫，下身着彩条布块缝制的裙子。而没上过刀梯的学徒萨满仅仅是用红色腰带作标志，而没有其他特殊服装。

萨满服的简化还表现为萨满服上的佩饰逐渐减少，而萨满服的制作却越发讲究，特别是彩图的绣织，十分精美。那些曾经表现萨满教三界观念和萨满旅行方位、沟通能力的标志，逐渐由形式化的彩带、彩条取代了，并且有了新的意义。比如在鄂伦春族、达斡尔族，民间普遍认为，萨满后裙上的十二条彩带代表十二个月。而在原始的萨满裙上，如鄂温克族纽拉萨满的服装，下坠的条带代表的是沟通下界的蛇，并且远远超过十二条。

根据民间口传和丰富的萨满服装实例不难发现，萨满服有一个由简到繁、由繁返简和由佩饰与服饰并重到服饰为主佩饰为辅的过程，由原始古朴、粗野向文饰化、规范化过渡。总之，各民族的萨满

服多种多样、异彩纷呈、制作精美，其款式、造型、装饰等都与萨满教原始信仰有着密切的联系，为我们研究萨满教文化艺术提供了丰富多彩的可视性形象资料。

（二）萨满的音乐文化

宗教与声音、神灵与声音以及声音在宗教仪式中的象征意义等问题一直是音乐人类学的重点研究课题。音乐人类学家认为，要研究宗教音乐，首先要弄清声音在宗教仪式中的象征功能和文化底蕴。用特殊的声音表达特殊的感情和特定的意图是古今中外人类宗教仪式中共存的普遍现象。萨满教作为一种比较原始古老的宗教形态，对声音的理解和看法尤为古朴而神秘。在萨满教观念中，认为神灵喜欢声音而鬼魂害怕声音。萨满仪式中对各种声音的不同处理是以对声音的这种双重理解为前提的。

萨满音乐作为萨满文化的重要组成部分，在整个萨满教的神灵体系、观念体系以及仪式活动中具有非常重要的宗教功能。萨满用曲调的交替、音色的变换、鼓点的节奏调整等方式表达不同的宗教情感和信仰内容。

鼓是萨满舞蹈必不可少的伴奏乐器，更是萨满最主要的法器。鼓是萨满教的重要标志。鼓的洪阔高亢、气势恢弘造成了一种神驰神降的庄严、紧张、肃穆及神秘的宗教氛围。鼓在整个萨满教中的作用是不可替代的。

萨满所用的鼓的形状和大小等特征在各地都有所不同，大体来说，鼓分为抓鼓和单鼓两种。抓鼓与单鼓一样，同为单面带环、蒙革的圆形鼓，用鼓鞭击奏。所不同的，一是鼓框用料不同；二是抓鼓无柄，

萨满

而单鼓有柄。从二者的演奏方式、使用场合、流传区域以及满汉混用几方面来看，抓鼓与单鼓为同源传承关系。从制作的难易、形制的繁简以及流传区域和冶铁术在民间发展的诸因素来看，抓鼓应先于单鼓而出现。抓鼓主要流传于黑龙江、吉林地区，单鼓主要流传于辽宁、河北和内蒙古地区。

萨满跳神音乐的旋律形态并不发达，而鼓乐却极其丰富。鼓点更是萨满跳神音乐的核心和精华，具有丰富的表现力和实用价值。轻重缓急的鼓点常常说明某种萨满精神或行为的状态。鼓声剧烈时多是在萨满请神之初，或在萨满即将进入昏迷之前，或在神灵与萨满神人交流的昂奋之时；当鼓声节奏鲜明、富于技巧的时候，萨满大多是在做仪式规范的基本表演；当鼓声微弱，时隐时现，甚至停止之时，萨满一般在进行祈祷和倾诉。

在满族中，鼓的使用一般要配以腰铃，这是其在乐器使用上的典型特征。腰铃，由腰带、衬裙、锥铃、系环等部分组成。腰铃上铃铛为锥形、筒状、铁或铜制。长约20厘米，直径约3厘米，少则十几枚，多则几十枚不等。锥铃直接用皮绳穿在衬裙上，系环缝制在衬裙上部，一环拴一铃，或一环拴两三个铃。环与环的距离讲究疏密得当，否则影响腰铃的演奏和发音。表演时，萨满腰胯左右摇摆，发出节律式的声响，与变化多端的神鼓鼓声相应和。腰铃根据发声方式的不同，又分为以下三种：节律式的左右摆动作响，称之为"摆铃"；将腰铃拎在手中摇晃作响，称之为"摇铃"；或将其顿地作响，称之为"顿铃"。

腰铃和鼓声一样，也有着广泛的宗教象征意义。萨满腰铃撞击，意味着萨满升入自然宇宙，身边风雷交鸣，行途遥远广阔。同时人们认为，腰铃

又是镇邪器，哪儿有妖魔鬼怪，放上腰铃就能镇住，太平无事。在祭祀的各种响器中，腰铃显得清脆独特，烘托自然宇宙各种现象的气氛，也象征着神灵的踪迹。人们认为魂之行走是有声音的，走到哪儿，人们看不见，但铜铃一响就知道神来了。因此铜铃不受人的支配、控制，它可以自己出行，还可以化成各种各样的动物。

为了区别萨满在正常精神状态下的世俗人格和进入附体状态下的神异人格，在萨满音乐中往往用真声和假声的二元对立方式来处理萨满发出的声音。真声是萨满本人用来表达对神灵的真诚祈祷等宗教感情，而假声则用来表达神灵附体状态下的"神灵语言"和"精灵语言"，以示萨满在附体状态下所讲的话不是萨满本人的话，而是神灵或精灵借萨满的口在"发号施令"。

总之，萨满音乐在萨满仪式活动中起着传递信息、表达情感和渲染气氛等多种作用。萨满音乐是把语言无法表达的含蓄感情形式和信仰内容加以分节程式化的宗教艺术。它在萨满宗教感情状态的形成中起着根本性的艺术感染作用。

（三）萨满舞蹈文化

在琳琅满目的对"萨满"的定义中，有一种把萨满称之为"因兴奋而狂舞者"。"狂舞"，足以说明在萨满教中舞蹈的重要作用。换言之，也只有通过舞蹈这种形式，才能更准确地理解萨满仪式的内涵。

萨满舞蹈俗称为"跳神"，是萨满法师在为氏族部落祭祀、请神、治病等活动

中的舞蹈表演，属于既具有图腾崇拜意味，又具有万物有灵崇拜意味的原始性舞蹈。分析任何一例原始巫术过程，我们都会发现它往往是由咒语、法仪、舞蹈诸种因素合而为一的。萨满教的祭祀仪式也是如此，所以有许多专家称满族的萨满教具有歌、舞、乐三位一体的宗教形态特征。萨满教舞蹈也因而依赖萨满教祭祀仪式而存在。随着萨满教祭祀仪式世代相传，萨满舞蹈也就随之流传下来。

萨满舞蹈完全符合构成舞蹈的三大要素，即有固定的表情(形体动作)、独有的节奏和专用的构图。但是，萨满舞蹈区别于其他舞蹈的最大特征在于神秘性。在萨满教祭祀中，萨满向诸神祈祷完毕，经圆形定点旋转数圈，突然变化舞步，击鼓激昂，以至迷狂，最后神态突变、浑身抽搐，意味着请来的神已降临人间，并附在了萨满的身上。其中，舞蹈的旋转应该是萨满痉挛性地颤抖，不省人事昏迷的主要诱因之一。旋转是人体自然动态，是力的一种结果。日常生活中不适度的简单旋转会令人目眩，而舞蹈艺术中各种高难技巧性旋转具有特殊表现力。旋转可以创造情感的力度、速度、强度，让舞蹈锦上添花，诗情更浓厚，形象更生动。而在满族的萨满祭祀仪式中，旋转却蕴涵着深奥玄妙的宗教神秘主义色彩。萨满的旋转动作有别于舞蹈演员的单一技能，神秘世界的万神殿不同于舞蹈艺术所创作的虚幻的力的世界。萨满的旋转作为咒力与魔法，具有

宗教意义，进而依据信仰理念的需求将生物力、情感力、意念力集合为神秘的能量，共同创神。以旋转动力的神化和塑造形象的神力为表征，旋转使萨满进入到特殊的意识状态，使他们成为人神沟通的使者。借神之威，为氏族祈福，为氏族成员驱邪、消灾，借此实现沟通人神的使命，并达到对氏族成员感召、凝聚、取信的目的。

由此可见，萨满舞蹈是萨满进入迷狂状态，进而与神灵沟通的重要方式。在祭祀时所请下的第一位神就是舞蹈之神，这也说明了舞蹈在萨满教中的重要作用和极高地位。由于神灵被认为是超越凡人的，因而就需要用独特的动作招式来表现。不论是自然神、图腾神还是祖先神，都有性格之分。有的勇武凶猛，有的狰狞恐怖，有的和顺敦厚，这些性格特征都需要在动作、姿态和行动上有所表示。当神灵附到跳神的大萨满身上的时候，大家便通过萨满所表现的不同动作来辨认所请的不同的神灵。客观上，这也决定了萨满舞蹈在艺术上的多样性和丰富性。

如前所述，鹰崇拜是满族的图腾崇拜之一，在各种祭祀活动中都不可或缺，因此就形成了一整套的以鹰为主体的舞蹈动作。一般在鹰神附体后，作为"舞蹈家"的萨满一手举抓鼓，一手执鼓鞭，或者是双臂伸展开持两面神鼓，这象征了鹰神的巨翅。鹰神舞脚下的动作一般为八字步，以及一连串的"弥罗"（旋转而舞的意思）。八字步要求踩着走，即一步一顿，这种鹰步有种走一步便有风产生的感觉。而一连串的"弥罗"一方面验证了萨满的真功夫，因为没有练过的萨满是无法旋转而舞的，另一方面象征了萨满

的魂魄飞到了天上这种神奇的功力。

萨满舞蹈也体现在对祖先的崇拜和祭祀之中，譬如说为满族所尊崇的祖先神乌布西奔妈妈，是一个威震东海，统领着七百多部落的一个女英雄，又是一名威名远扬的女萨满。她是太阳女神的女儿，英雄的降临是为了挽救被瘟疫天灾侵蚀的部落，是为了拯救战乱的氏族。可是在为人类带来和平、幸福、安定的生活后，她却闭上了眼睛。因此，后世一直敬奉着这位为人类带来了安定生活的始母女神。史诗记载的乌布西奔妈妈在收服东海女魔窟岛时，有一段非常精彩的萨满舞蹈，当时乌布西奔妈妈是"以舞降舞"，以奇特的舞蹈降伏了女魔窟岛上魔女们勾人心魂、致人身亡的魔舞。因此，史诗上称她为"天穹之舞"。这种舞蹈在舞时，由主祀萨满领舞，众小萨满随舞。其舞姿有蹲身式、单跃式、环手式、聚散式,手里、头上、齿间和脚面上各放置一个"生机棒槌"(是用薄骨片制成的两个小血盆,中间有一个空心的棒骨,连接两头,似哑铃状,用新鲜牲血灌其中可见红色,并可滚动,两端带穗铃)。走"寸子"舞步(满族穿高木底鞋的一种碎步舞)时,"生机棒槌"中的牲血溅到族人身上,被视作吉兆,因为乌布西奔妈妈是太阳女神的女儿,所以她的血也象征红日。

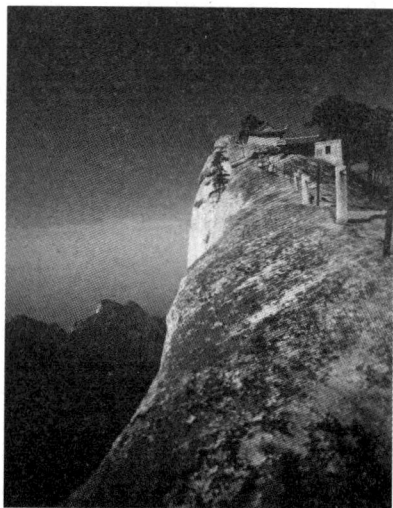

萨满舞蹈是萨满文化符号的重要组成部分,具有突出的地域和民族特色,并以其鲜明的个性特征展现着特定民族的原始文化面貌,具有文化人类学和文化考古学的重要意义。除此之外,萨满舞蹈也是中国民间舞蹈文化的重要组成部分,大大丰富了中国上古时期的舞蹈内容,并为舞蹈文化开拓了一个新的领域,

对当时和后世的舞蹈发展都有着不可替代的历史作用。

（四）萨满医药文化

萨满医药文化是指由萨满创造、传承和实践的，与医药相关的物质文化、精神文化、组织制度文化的总称。萨满医药文化是人类原始宗教文化现象的重要组成部分，是人类宝贵的文化财富。

古代萨满之所以取得广大人民的信仰和拥戴，原始医术是其一绝。原始萨满教的基本功能是"保护人们及其财产不受危险和不幸，免遭疾病或邪恶势力带来的其他灾难"。因此早期的萨满的社会职责影响了他们文化知识的结构，萨满都具有丰富的生产经验和生活知识，在平日的观察中积累了各种常识，粗知自然变化、社会发展和事物进化的规律，更善于观察人的心理状态，预料一般事物发展变化的结局。
若再掌握一些民间流
传的医药知识，用精
神疗法和药物结合去
给人治病，那就更加
符合萨满的神圣地位
了。从这个意义上来
讲，萨满不仅是氏族最早的医生，而且在
相当长的历史时期，萨满也是唯一的医
生。

当然，在特殊的宗教环境下，萨满的
医术往往与萨满那些神乎其神的法术同
时出现，药力往往通过法术而显现，这也
是原始医术与原始宗教唇齿相依的典型
关系，古代萨满治病虽然以祭祀请神等精
神疗法为主，或表现着一些萨满教的迷
信色彩，但他们使用的各种治疗方法和
手段也体现出相当的科学成分。

在蒙古萨满的信念中，火仅次于天地
的位置，火是光明圣洁之神。火来自长生

天，是世界上最圣洁的神物，是善和光明的象征，与黑暗作为疾病、邪魔的象征对立。火可以祛病驱邪，具有驱邪、净化功能。据记载，成吉思汗时代收受各部落的贡品，要在火上熏燎过，才能进入宫廷。在蒙古人的生活习俗中可以看到对火的净化功能的利用。他们会把认为不洁的东西拿到火上来回转动几下，以示净化。如掉在地上的帽子捡起来必须在火上边转动边说"阿荣查干"(其意为已干净了)；平时对奶制品、牲畜棚圈、马桩等也要烧柏叶、艾蒿净化。牲畜发生疫情时，畜圈四周燃起新火，用以赶走病魔。炉灶在蒙古包中置于正中央，对一个家族来说，灶火是家族兴旺、延续的象征。火种不灭，就意味着香火不断，子孙繁衍。

在蒙古人心目中，火神一方面保佑人们驱灾辟邪、五畜繁盛、家业兴旺，另一方面火神又具有难以驯服和不可控制的魔力，会给人们带来深重的灾难和损失。

如雷击之火或草原森林大火，这些天灾被看成是无情的火神在惩罚人类。所以人们小心谨慎地避免触犯火神，因而产生了对火神的诸多禁忌。在蒙古人的生活习俗中围绕火盆、炉灶以及其他与火有关的器物有着一系列祭礼和禁忌。"拿小刀插入火中，或拿小刀以任何方式去接触火，或用小刀到大锅里取肉，或在火旁拿斧子砍东西，这些都被认为是罪恶，因为他们相信，如果做了这些事，火神就会被砍头。"火作为一个家庭神圣的"旭特根"，非常忌讳火撑内进入脏物。此外，人们还试图找到火对产生疾病所起的作用，如有人患病被认为是冲撞了火神。古代蒙古人普遍认为人发烧是火在作祟，幼童梦魔、遗尿是白天捅火玩火的缘故，往火中投污物导致皮肤生疮

疗。发生上述情况人们也会随时向火神致祭，请求火神原谅。

萨满教对火的上述认识，被萨满运用于治疗活动中。蒙古博（蒙古称萨满为"博"）在跳神仪式中用点燃的艾枝、艾叶、香火熏烤病人的患处。在萨满治疗仪式中有所谓的"火疗"，即萨满用牙咬住或用舌舔烧红的烙铁(生铁熨斗)，向病人患处作喷状，或喷火酒，或用香火熏，或用脚踩烧红的铁铧犁，再用这只脚去踩病人患处。萨满的这些举动是要借火的威力恐吓鬼怪，显示自己法力高强，但客观上对有些疾病具有一定的疗效，可见人类学会使用火之后，不仅用于熟食、避寒取暖，而且用于治疗疾病，促进了热熏、热熨、火灸等热治疗的发展。

再比如说，古代萨满都有自己专用矛器、银杯等各种用具。他们常常利用这些东西进行治病、防病活动。蒙古人有一种风俗，当人得了病而医治不好时，萨满

就在他的帐幕前面竖一支矛，并以黑毡缠绕在矛上，从这时起，任何外人不敢进入其帐幕的界线以内。这种摆放萨满矛器而显示着威风的仪式习惯，确能给危重病人创造寂静的环境，并可以防止某些疾病的传染。

当然，现在一提起萨满治病，人们首先想到的就是"跳大神"。毋庸讳言，萨满的医疗观念建立在其特有的灵魂观上，这种相信万物有灵的思维特征，即使不是建立在虚幻的基础上，也是违背现代科学精神的，是与现代的科学思维截然不同的思维模式。今天看来，以跳神治病为主要特征的治疗行为充满着迷信色彩。然而值得深思和探讨的是，这些方法何以千百年来在民间世代传承，沿用不衰呢？抛开它的观念体系不说，就治疗而

言，"跳大神"其实还有着心理治疗和民俗治疗两个方面的作用。

一方面，萨满巫医兼有信仰疗法师和民间疗法师的作用。对于信仰疗法而言，主要是通过心理过程发生作用，治疗过程中伴随着来自超自然力量的干预。其主要的益处在于减轻压力，强化来自超自然的支持感。对于萨满治病虔诚信服的患者，在接受萨满治疗后往往解除了心理负担，调动了他们的积极体能，有助于身体的康复。萨满医疗非常重视对病因的解释与病因的解除。掌握病因，则因果关系明确，消除因，果自然是好的。随着萨满教观念的发展，查找、求解病因的仪式日趋繁复，方法也更为丰富。祈祷、献祭还愿、念咒、招魂以及跳神驱邪等不同形式，分别针对不同病因所致疾病而进行。所有这些宗教治疗仪式都是针对病因而进行的。若抛开治病仪式中的神秘、虚幻性不谈，应该承认，对于特定时代的特定

群体来说，这些方法
具有积极的心理暗
示作用，不失为一种
心理疗法。

另一方面，萨满
掌握一定的医药知
识和技能，有着几十
年乃至几百年代代
相传的经验，有着对当地的疾病历史、特
征，当地人的一般体质，当地的饮食、气
候、生活作息习惯，当地人的风俗民情的
了解，因而往往能很快地判断出疾病的
种类，病人得病的背景等，在某种程度上
帮助病人解释病因和解除病痛。如果说
他们治病的方式是有效的，最大的原因
与其说是对疾病的了解，不如说是对病
人的了解，从而能清楚地掌握病人的心
理，强化治疗效果。医生主要治疗疾病
的症状，而萨满却将患者作为一个整体
的人来看待，比较关心引起疾病的原因，

而不是疾病的症状。

作为氏族社会唯一的"职业"医生，在为族人治病时，萨满自然要将前人在生产实践中创造和积累的、包括萨满在内人人可操作的医疗方法和经验加以应用。为使治病更具神奇的效果，萨满除使用特殊的心理疗法外，还必须掌握比普通人更多的医药知识，从而促使萨满不断地把前人积累的零星知识加以集中和总结、整理和提高，并应用于医疗活动之中。如此，萨满也就成了氏族最有知识的人，成为每个氏族医药知识和医疗经验的继承人与集成者。他们一方面不断继承和总结前人的医疗实践经验，另一方面，又不断探索和实践，亲自采集、炮制各种草药，了解它们的药性，掌握各种药材采集、炮制的时间、种类、剂量以及主治何种疾病等，从而形成了北方诸民族的土药典。同时，摸索、积累了诸种疗术，或用于跳神治病的仪式中，或单独使

用。此外，萨满还承担着妇婴保
健等职能，通晓催生术、保胎术
和孕妇保健等知识。这些医药卫
生知识世代保留在萨满口耳相授
的传承和医疗活动之中。尽管这
些药方和疗法通常是在祭神、巫
术等神秘的氛围下施行，或作为
萨满跳神治病仪式的组成部分而
出现，却发挥着实际的疗效。为
了更好地履行职责，萨满在除疾
治病、卫生保健方面作了种种努力，不仅
对维系氏族的生存与繁殖起到了积极作
用，对原始医学的形成和发展也作出了应
有的贡献。

七、萨满文化的保护和开发

　　萨满文化研究如今已成为世界的热点。作为萨满教与原始文化混合体，萨满文化蕴涵着北方先民在漫长的历史进程中形成的思想观念，积淀着先民的心理意识，融会了先民们创造的原始的物质文明和精神文明。我们现有的主要知识门类，很多都可以在萨满文化中找到源头。

　　面对这个世界北半部阿尔泰语系多个民族共同创造的古老的原始宗教文

化，中国人似乎更有发言权。因为目前世界上保留萨满文化最丰富、最完整的要属中国。至今在满、蒙、鄂伦春、鄂温克、达斡尔、新疆察布查尔的锡伯族等，仍有祭祀祖先、序谱等萨满信仰活动。

根据《保护非物质文化遗产公约》的定义，"非物质文化遗产指被各群体、团体，有时为个人视为其文化遗产的各种实践、表演、表现形式、知识和技能及其有关的工具、实物、工艺品和文化场所。各个群体和团体随着其所处环境、与自然界的相互关系和历史条件的变化不断使这种代代相传的非物质文化遗产得到创新，同时使他们自己具有一种认同感和历史感，从而促进了文化多样性和人类的创造力"，非物质的无形的东西往往比物质的有形的东西更加重要。非物质文化遗产包括了人类的情感，包含着难以言传的意义和不可估量的价值。一个民族的非物质文化遗产，往往蕴藏着传统文化的最深的根源，保留着形成该民族文化的原生状态以及各民族特有的思维方式等等。而萨满文化已经具备了非物质文化遗产的一切相关要素。

站在非物质文化遗产的高度看待萨满文化，有利于在保护和利用的实践中准确把握尺度，做到合理保护，有效利用。

首先，我们要站在科学的角度理清萨满文化符合现今社会发展的成分。如其已演变成民俗文化歌舞表演等的宗教仪式，原始建筑、制皮技艺，昏迷术、中

草药原始医术及其服饰、灵佩、绘画等造型艺术。这一工作过程，实际就是对其系统化、规范化、理论化、思想化的升华过程，是除去糟粕、取其精华的过程。在这一过程中，有一些属于愚昧迷信的内容被淘汰了，有一些内容被保留下来，并作为精髓而得到了升华，成为了民族民俗文化的一部分，成为了人类文化的一部分，成为了人类非物质文化且得到了保护。

其次，要对萨满文化进行抢救式的保护。《中华人民共和国文物保护法》中规定了开展文物保护的基本方针："保护为主，抢救第一，合理利用，加强管理。"目前，当务之急是对萨满文化本身开展抢救性的保护，因为以传统渔猎为主要生活方式的少数民族村落已所剩无几，口传心授传递萨满文化的萨满老艺人又相继去世，后继乏人，大量的民族文化必将随之消亡。解决这一难题的关键是改变萨满文化的传统传播方式，运用现代教育和文化传播方法，强化萨满文化的民俗内涵，使之成为具有浓郁地域文化特色，自主性、参与性显著的文化活动。为此，政府要出台扶持政策，建立并完善民间文化传承人和特殊的民间文化表现形式的培养与保护机制，出台政策资助保护重点民间文化传承人、重要的非物质文化遗产，切实解决那些掌握着民间绝技的艺人的实际困难，使他们得以把绝技传承下去，使一些不适应市场化发展的特殊表现形式的民间文化精华能在市场经济条件下得到保护。另外，要为那些暂时没有进入市场的民间文化产品搭建

展示舞台，通过举办民间文化交流、展览等，为它们走上市场创造条件。另外，我们还应该以中国北方萨满文化圈为基础，向联合国教科文组织申报"人类口述和非物质遗产代表作"，并以此为契机，利用录音、录像，建立文化档案等手段，尽量形成完整的萨满文化记述材料，使萨满文化成为世界人民共同关注与保护的遗产。

再次，以保护带动开发，以开发促进保护。文化作为一个国家综合国力的重要组成部分，一方面是维护民族团结统一、彰显传统价值观念、满足民族归属感的纽带，另一方面又是推动社会经济进步的重要生产力。我们要选择萨满文化活态文化丰富的地区，建立萨满文化生态博物馆，以全方位地展示萨满文化，形成特色品牌文化，带动地方经济发展。以复制的方法合理开发萨满文化典型符号产品，形成特色规模经营，建设文化产业。如组织萨满文化歌舞表演，开发萨满古老医药医术研究与推广，以神鼓、面具、绘画等造型艺术开发旅游产品等，通过强化该文化的特质，在与异质文化的对比冲突中达到审美升华，带动人们消费。在开发过程中，我们需要牢牢把握的一点是，开发要以保护为前提，所有的活动应尽量保持其文化的原生态，尽力关注其文化的原创性，保留其更多的文化特质，防止其世俗化、庸俗化。